AF343716

# MÉMOIRE

## DE L'AGENT GÉNÉRAL DU GOUVERNEMENT FRANÇAIS

### PRÈS LE TRIBUNAL ARBITRAL MIXTE FRANCO-TURC

SUR

## LES CONDITIONS D'APPLICATION

DE

# L'ARTICLE 137 DU TRAITÉ

# DE LAUSANNE

PARIS

JOUVE ET C<sup>ie</sup>, ÉDITEURS

15, RUE RACINE, 15

1926

# MÉMOIRE

## DE L'AGENT GÉNÉRAL DU GOUVERNEMENT FRANÇAIS

### PRÈS LE TRIBUNAL ARBITRAL MIXTE FRANCO-TURC

SUR

## LES CONDITIONS D'APPLICATION

DE

# L'ARTICLE 137 DU TRAITÉ DE LAUSANNE



PARIS

JOUVE ET C$^{ie}$, ÉDITEURS

15, RUE RACINE, 15

1926

I

## LES FAITS. LES TEXTES. LE PROBLÈME

Au cours de l'occupation du territoire turc qui a
suivi la conclusion de l'armistice de Moudros du
30 octobre 1918, les autorités des Puissances occupantes — France, Grande-Bretagne et Italie — ont saisi
certains biens de l'État turc qu'elles ont livrés soit à
des institutions scolaires ou charitables établies en
Turquie et ressortissant à ces Puissances, soit à des
Sociétés ottomanes dans lesquelles des sujets alliés
exerçaient le contrôle des capitaux.

Ces institutions, au début de la guerre générale,
avaient été expulsées de leurs établissements. Le Gouvernement turc s'était emparé de leurs biens et en avait
disposé pendant toute la durée des hostilités sans leur
payer la moindre indemnité et sans leur verser aucun
loyer. Lorsque les institutions, après l'armistice, ren-
trèrent en Turquie, elles ne purent que constater la dis-
persion et le pillage de tous leurs biens mobiliers et se
trouvèrent en présence de dégradations considérables
causées à leurs immeubles. Pour leur permettre d'ef-
fectuer les premières réparations indispensables à la
reprise de leur activité, les autorités alliées d'occupation disposèrent d'une certaine quantité de matériaux
prélevés sur les dépôts gouvernementaux turcs et les
leur remirent.

De même, les sociétés dans lesquelles des ressortissants alliés possédaient des intérêts prépondérants,
avaient, pendant les quatre années de guerre, subi la
réquisition de leurs exploitations, de leurs bâtiments et
de leur matériel, sans toucher les redevances que l'Etat
turc leur devait en vertu des contrats de concession et

doit se prononcer en accordant ou en refusant à l'État lésé la réparation du préjudice qu'il subit. Et, s'il l'accorde, il décidera qui, de l'auteur ou du bénéficiaire de la mesure, est tenu à indemnisation. Problèmes dont nous nous proposons de rechercher la solution dans les textes.

Ces textes se répartissent logiquement en deux groupes : l'un formé uniquement par l'article 58 du Traité de Lausanne qui énonce le principe fondamental en matière de réparation, l'autre, composé notamment des articles 137 et 138 du Traité et du paragraphe 3 du « Protocole relatif à l'évacuation des territoires turcs », qui se réfère plus spécialement aux mesures prises pendant l'occupation de la Turquie.

L'article 58 (Partie II. Clauses financières. Section II) dispose :

La Turquie, d'une part, et les autres Puissances contractantes (à l'exception de la Grèce), d'autre part, renoncent réciproquement à toute réclamation pécuniaire pour les pertes et dommages subis par la Turquie et lesdites Puissances ainsi que par leurs ressortissants (y compris les personnes morales), pendant la période comprise entre le 1er août 1914 et la mise en vigueur du présent Traité, et résultant soit de faits de guerre, soit de mesures de réquisition, séquestre, disposition ou confiscation.

Toutefois, la disposition qui précède ne portera pas atteinte aux stipulations de la Partie III (Clauses économiques) du présent Traité.

La Turquie renonce en faveur des autres Parties contractantes (à l'exception de la Grèce) à tout droit sur les sommes en or transférées par l'Allemagne et l'Autriche en vertu de l'Article 259-1° du Traité de Paix du 28 juin 1919 avec l'Allemagne et de l'article 210-1° du Traité de Paix du 10 septembre 1919 avec l'Autriche.

Sont annulées toutes obligations de payement mises à la charge du Conseil d'administration de la Dette Publique Ottomane tant par la Convention du 20 juin 1331 (3 juillet 1915) relative aux bons de monnaie turcs de la première émission, que par le texte porté au verso de ces bons.

La Turquie convient également de ne pas demander au Gouvernement britannique ni à ses ressortissants la restitution des sommes payées pour les bâtiments de guerre qui avaient été commandés en Angleterre par le Gouvernement ottoman et qui ont été réquisitionnés par le Gouvernement britannique en 1914 ; elle renonce à toute réclamation de ce chef.

Ce texte interdit donc expressément toute réclamation pécuniaire à l'égard des Puissances alliées, comme à l'égard de la Turquie, à raison des pertes et dommages subis à la suite de faits de guerre ou de mesures exceptionnelles de guerre, en quelque lieu que ce soit, depuis une date antérieure de trois mois à la déclaration de guerre de la Turquie aux Puissances alliées jusqu'à la mise en vigueur du Traité de Paix, c'est-à-dire pendant les trois périodes d'inimitié, de belligérance et d'armistice.

Les dispositions de l'article 58 sont parfaitement claires et l'étude des laborieuses négociations qui ont eu lieu au cours de la première partie de la « Conférence de Lausanne » entre les délégations alliées et la délégation turque, ne permet aucun doute sur leur sens et leur portée.

Les délégations des « Puissances Invitantes » qui exigeaient de la Turquie une soulte de quinze millions de livres turques or (1), réduite plus tard à douze millions (2), pour la réparation des pertes et dommages causés aux biens des ressortissants alliés, se sont heurtées à l'opposition de la délégation turque qui n'admettait que la réparation réciproque des dommages ou la renonciation commune à toute réclamation pécuniaire (3). La proposition des délégations britannique, française et italienne, du 4 février 1923, marque l'abandon de leur prétention et pose le principe de la renonciation réciproque (4). Le Gouvernement turc ayant mis comme condition à la reprise de la « Conférence de Lausanne » que la question des réparations fût écartée (5), le contre-projet turc de l'article 57, du 8 mars 1923, est adopté au cours de la séance du

1. Cf. *Recueil des Actes de la Conférence*, t. I, p. 365 ; t. III, pp. 115. 171, 263, 347.
2. Cf *Recueil des Actes de la Conférence*, t. IV, p. 7.
3. Cf. *Recueil des Actes de la Conférence*, t. III, pp. 30, 70, 99, 187, 275.
4. Cf *Recueil des Actes de la Conférence*, t. IV, p. 11.
5. Cf. *Recueil des Actes de la Conférence*, t. V, p. 272.

25 juin (1) et, comme corollaire de cette adoption, l'article 79 relatif à la réparation des biens, droits et intérêts privés est supprimé de la Partie III (Clauses économiques) (2). L'article 57 devint article 58 dans le texte signé le 24 juillet 1923.

L'abandon réciproque de toute réclamation pécuniaire est cependant, à l'égard des Puissances alliées, tempéré par les renonciations de la Turquie mentionnées aux alinéas 3 et 5 de l'article 58 et dont le montant ressortirait, d'après les évaluations d'Ismet Pacha, à douze millions de livres turques or (3).

Le deuxième alinéa stipule que la renonciation à toute indemnité ne portera pas atteinte aux dispositions de la Partie III (Clauses Economiques). Pour se faire une idée exacte de la portée de la dérogation, il convient d'indiquer que cette Partie III, dans sa Section I relative aux biens, droits et intérêts, ne prévoit — depuis la suppression de l'article 79 — qu'un régime de restitution exclusif de toute indemnité au profit des propriétaires dépossédés, sauf la faculté accordée au Tribunal Arbitral Mixte de parfaire le produit de liquidation visé à l'article 66 et d'ajouter que cette Section dispose uniquement pour les biens, droits et intérêts des particuliers (4).

Tel est le principe fondamental énoncé par l'article 58. Procédons maintenant à la lecture des textes par lesquels les rédacteurs du Traité ont réglé la question spéciale des mesures prises par les autorités alliées pendant la période d'occupation du territoire turc.

Ce sont, tout d'abord, les articles 137 et 138 du Traité :

1. Cf. *Recueil des Actes de la Conférence*, t. V, p. 243.
2. Cf. *Recueil des Actes de la Conférence*, t. V, p. 273.
3. Cf. *Recueil des Actes de la Conférence*, t. IV, p. 16.
4. Voir pour cette question, *Journal du Droit International*, 1925-2.

Article 137. — Sauf stipulations contraires entre les Hautes Parties contractantes, les décisions prises ou les ordres donnés, depuis le 30 octobre 1918 jusqu'à la mise en vigueur du présent Traité, par ou d'accord avec les autorités des Puissances ayant occupé Constantinople et concernant les biens, droits et intérêts de leurs ressortissants, des étrangers ou des ressortissants turcs et les rapports des uns et des autres avec les autorités de la Turquie, seront réputés acquis et ne pourront donner lieu à aucune réclamation contre ces Puissances ou leurs autorités.

Toutes autres réclamations en raison d'un préjudice subi par suite des décisions ou ordres ci-dessus visés, seront soumises au Tribunal Arbitral Mixte.

Article 138. — En matière judiciaire seront réputés acquis, sans préjudice des dispositions des paragraphes IV et VI de la Déclaration en date de ce jour relative à l'amnistie, les décisions et ordres rendus en Turquie, depuis le 30 octobre 1918 jusqu'à la mise en vigueur du présent Traité, par tous juges, tribunaux ou autorités des Puissances ayant occupé Constantinople, ainsi que par la Commission Judiciaire Mixte provisoire constituée le 8 décembre 1921, ensemble les mesures d'exécution.

Toutefois, dans le cas où une réclamation serait présentée par un particulier en réparation d'un préjudice subi par lui au profit d'un autre particulier en raison d'une décision judiciaire émanant en matière civile d'un tribunal militaire ou de police, cette réclamation sera soumise à l'examen du Tribunal Arbitral Mixte, qui pourra, s'il y a lieu, imposer le payement d'une indemnité et même ordonner une restitution.

Enfin, le « Protocole relatif à l'évacuation des territoires turcs » signé également à Lausanne le 24 juillet 1923, dispose dans son paragraphe III :

Au fur et à mesure de l'évacuation, les immeubles et biens de toute nature qui seront dûment identifiés comme appartenant au Gouvernement turc ou aux administrations publiques turques sur les territoires évacués, et qui sont actuellement occupés par les autorités alliées ou en leur possession, seront restitués au Gouvernement turc.

Toutes mesures de séquestre et de réquisitions seront levées. Il sera dressé de ces restitutions et mainlevées des procès-verbaux qui vaudront comme quittance entière et définitive.

Les autorités d'occupation fourniront au Gouvernement turc un état aussi complet que possible de tous biens, objets et matières appartenant audit Gouvernement et qui auraient été remis à des tiers notamment à des sociétés ottomanes.

Les dettes résultant de contrats passés entre les autorités d'occupation et des particuliers devront être payées dans les conditions prévues aux contrats.

Nous connaissons les faits, nous avons lu les textes, voici le problème posé par le Gouvernement d'Angora :

L'Etat turc est-il fondé, comme il le prétend, à poursuivre les cessionnaires de son matériel en paiement de la contre-valeur de ce matériel ?

Au cours d'une première instance diplomatique, ouverte en novembre 1923, le Gouvernement turc a pris argument du texte de l'alinéa 3 du paragraphe III du Protocole d'évacuation. « Ce texte ne serait-il pas vide de sens, si on lui donnait une interprétation restrictive ? Au surplus, ne trouve-t-on pas dans les procès-verbaux de la « Conférence de Lausanne », et notamment dans les recommandations des experts financiers, matière à une interprétation plus large qui met en lumière la pensée implicitement-exprimée dans le Protocole et qui démontre surabondamment la volonté de ses rédacteurs ? »

A cette argumentation, les Gouvernements alliés ont opposé que rien, dans les travaux préparatoires, ne justifiait cette interprétation extensive. « Les dispositions du paragraphe III, alinéa 3 du Protocole ont un sens et une utilité incontestables. Admettre la thèse turque serait déroger aux stipulations fondamentales des articles 58 et 137 du Traité. »

Chaque partie étant restée sur ses positions juridiques, le Gouvernement turc n'hésita pas à porter sa réclamation devant le Tribunal Arbitral Mixte Franco-Turc prévu à la Section V de la Partie III du Traité, lorsque celui-ci fut constitué.

Mais, à raison de la compétence limitée du Tribunal Arbitral Mixte, il a fallu que l'Etat turc abandonnât le Protocole d'évacuation. Aussi l'instance judiciaire a-t-elle pour terrain de combat l'article 137, 2ᵉ alinéa, invoqué cette fois par le demandeur à son profit. La réclamation turque réapparaît avec des moyens nouveaux. « Parmi les réclamations prévues à l'alinéa 2, pourquoi n'y aurait-il pas place pour celle du Gouvernement turc ? Les dispositions de l'article 137 (clause

1.

spéciale) peuvent très juridiquement déroger à celles de l'article 58 (clause générale). »

Le Gouvernement français soutient par son Agence que l'article 137 n'est pas applicable aux mesures dont il s'agit et plaide l'irrecevabilité de la demande turque.

Le Tribunal ne s'est pas encore prononcé.

La solution qui sera donnée à ce problème présente un intérêt pratique manifeste non seulement pour les parties en cause, mais encore pour les Etats alliés auxquels ressortissent les défendeurs.

Ces Etats ont, en effet, assumé la charge d'indemniser leurs ressortissants des pertes et dommages subis par eux. Dans ce but, ils ont conclu, à la date du 23 novembre 1923, une Convention qui institue une Commission dite « d'évaluation » ayant pour mission de réparer à l'aide des sommes provenant du forfait prévu à l'article 58, alinéas 3 et 5, les dommages qui lui sont révélés et qui réalisent certaines conditions (1). Si le Gouvernement turc est débouté de sa demande, il y aura lieu de tenir compte dans l'indemnisation de la contre-valeur des objets reçus. Dans le cas contraire, la Commission se trouvera en présence d'un dommage plus considérable.

Quant aux bénéficiaires des mesures de cession, ils ont un intérêt évident à conserver le matériel livré sans en payer le prix, car leurs dommages ne seront, en tout état de cause, que partiellement réparés (1).

Au cours des développements qui vont suivre, nous nous proposons d'examiner les thèses et les moyens de droit des parties exposés au cours de l'instance diplomatique et de l'instance judiciaire et de rechercher la solution qu'il convient de donner au problème dont est actuellement saisi le Tribunal Arbitral Mixte.

---

1. Pour toute cette question, voir *Journal du Droit International*, 1925-2.

## II

## L'INSTANCE DIPLOMATIQUE.
## LE PARAGRAPHE III
## DU PROTOCOLE D'EVACUATION

Le paragraphe III, alinéa 3, du « Protocole relatif à l'évacuation des territoire turcs » oblige, nous l'avons vu, les autorités d'occupation à fournir au Gouvernement turc un état de tous les biens appartenant à ce Gouvernement qui auraient été remis à des tiers.

Lorsque le Général HARINGTON, commandant les armées d'occupation, eut fait établir cet état, les Hauts Commissaires des Puissances Occupantes lui indiquèrent que la remise des listes devait être accompagnée d'une lettre de réserve exposant qu'en présence des stipulations des articles 58, 137 et 140 du Traité de Lausanne, le droit du Gouvernement turc était épuisé par cette remise.

Le Général HARINGTON se conforma à ces instructions, mais les autorités militaires turques lui répondirent qu'elles n'admettaient pas son point de vue et qu'elles considéraient le paragraphe III comme leur permettant de recouvrer sur les cessionnaires la contre-valeur du matériel livré, à défaut de la restitution de ce matériel.

Le Haut Commissariat de la République française en Orient eut de nouveau l'occasion de développer la thèse des représentants des Puissances alliées lorsque, le 20 octobre 1923, il envoya la liste du matériel cédé par les autorités militaires françaises que le Général CHARPY n'avait pas fournie.

Cependant, le Gouvernement turc persistait dans son interprétation du paragraphe III et réclamait à différents établissements de Constantinople la valeur, fixée d'ailleurs d'une façon fantaisiste, du matériel qui leur avait été livré pendant l'armistice.

Informés, les Hauts Commissaires protestèrent auprès du Gouvernement d'Angora et une longue instance diplomatique fut entamée au cours de laquelle chaque partie ne se départit pas de sa première attitude.

A une justification de principe d'Ismet Pacha du 8 janvier 1924, les Hauts Commissaires répondirent par une note collective du 3 mars. Une réplique turque du 31 mars fut de nouveau combattue par une seconde note collective du 12 août que les représentants des Puissances occupantes rédigèrent après avoir consulté leur Gouvernement respectif.

Les Gouvernements de la France, de la Grande-Bretagne et de l'Italie ont, aux termes du paragraphe III, 1er alinéa, du Protocole d'évacuation, contracté, à l'égard du Gouvernement turc, l'obligation de lui restituer tous ses biens, qui se trouveraient au moment de l'évacuation des territoires turcs, entre les mains des autorités d'occupation.

Le Gouvernement turc a donc le droit de réclamer la restitution de tous les biens qui pourraient être identifiés comme lui appartenant et qui auraient été détenus ou occupés par les autorités alliées à la date de leur départ de Turquie.

Doit-on voir dans cette disposition une dérogation aux stipulations des articles 58, 137 et 138 du Traité ? En aucune façon ! L'article 58 n'interdit que les réclamations pécuniaires et les articles 137 et 138, comme nous le verrons plus loin, ne concernent pas les biens dont il s'agit au paragraphe III. Ce texte comporte une extension aux biens de l'Etat turc du principe de restitution admis à l'article 65 pour les biens, droits et intérêts des particuliers.

L'alinéa 3 dispose pour une autre catégorie de biens

de l'Etat turc : ceux qui ont été remis à des tiers. Il ne prévoit pas la restitution de ces biens, il se contente d'imposer aux autorités d'occupation l'obligation d'en fournir l'inventaire au Gouvernement turc.

« Et quel autre but, demande ce Gouvernement, auraient bien pu poursuivre les rédacteurs de l'alinéa 3, que de mettre l'Etat turc dépossédé en mesure de récupérer ses biens ou de s'en faire payer la contre-valeur? Cette disposition est-elle purement platonique, partant absolument inutile? Pourquoi établir une différence de traitement entre les biens qui sont détenus par les autorités alliées et ceux qui, par le fait de ces autorités, se trouvent entre les mains de tierces personnes ? Il est logique de considérer que les uns comme les autres doivent revenir à leur légitime propriétaire.

« Les rédacteurs du Protocole se sont contentés d'obliger les autorités d'occupation à la remise d'un état ! Rien de plus naturel qu'à raison du très court délai imparti aux Armées alliées pour quitter le sol turc, le soin de la récupération et de la restitution ne leur ait pas été imposé. Le Gouvernement turc, nanti des listes qui doivent lui être remises, aura tout loisir pour se faire restituer ses biens ou s'en faire payer le prix.

« Et cette saine interprétation de la volonté des rédacteurs du paragraphe III trouve sa pleine confirmation dans les procès-verbaux de la « Conférence de Lausanne » qui relatent les recommandations des experts financiers au Comité de rédaction et leur adoption par le Deuxième Comité. Qu'y a-t-il de plus décisif que les passages suivants : ·

Le 30 mai 1923.

1° Les experts financiers prient le Comité de Rédaction de bien vouloir préciser dans les textes réglant la situation des Puissances occupantes à Constantinople que toutes mesures de séquestre et de réquisition seront levées dès la fin de l'occupation (1).

1. Cf. *Recueil des Actes de la Conférence*, t. V, p. 248.

Le 8 juin 1923.

2º Se référant à leur communication en date du 30 mai, les experts financiers prient le Comité de Rédaction de bien vouloir préciser également dans les textes réglant la situation des Puissances occupantes à Constantinople que les biens appartenant au Gouvernement turc ou aux administrations publiques turques, actuellement en la possession des autorités d'occupation et pouvant être identifiés seront immédiatement restitués dès la fin de l'occupation.

Les experts financiers sont également d'accord que les autorités d'occupation auront à fournir au Gouvernement turc un état aussi complet que possible de tous biens, objets et matières appartenant audit Gouvernement et qui auraient été remis à des tiers, notamment à des sociétés ottomanes.

Les experts financiers sont aussi d'accord que les dettes résultant de contrats passés entre les autorités d'occupation et des particuliers devront être payées dans les conditions prévues aux contrats (1).

Séance du 25 juin 1923.

Le Général Pellé fait remarquer que les experts ont signalé au Comité de Rédaction (Annexe E de leur rapport) la nécessité de prévoir, dans les textes réglant la situation des Puissances occupantes à Constantinople, certaines dispositions concernant les séquestres et les réquisitions, ainsi que la restitution des biens appartenant au Gouvernement ou aux Autorités turques.

Les principes énoncés par les experts sont adoptés (2). »

A cette argumentation, les représentants des Gounements alliés à Constantinople ont opposé les stipulations des articles 58, 137 et 140 du Traité de Paix et ont soutenu, qu'en présence de ces textes, il était impossible de donner au paragraphe III, alinéa 3 du Protocole d'évacuation l'interprétation extensive que lui accordait le Gouvernement turc.

Celui-ci répliqua que les articles 137 et 140 avaient pour objet d'autres biens que ceux dont s'occupait le paragraphe III. Par contre, il reconnaissait que l'article 58 faisait échec à son interprétation. « Mais, ajoutait-il, pourquoi ne pas admettre que le paragraphe III constitue une dérogation au principe énoncé par l'article 58? Une clause spéciale peut déroger aux principes généraux posés par ailleurs dans un ensemble

1. Cf. *Recueil des Actes de la Conférence*, t. V, p. 248.
2. Cf. *Recueil des Actes de la Conférence*, t. V, p. 243.

de textes auxquels il convient d'attribuer la même valeur. »

Que les vingt-huit actes signés à Lausanne le 24 juillet 1923 aient une valeur identique, qu'ils forment un
tout qu'on ne peut dissocier et qu'il soit possible à
une clause spéciale de déroger à un principe général,
cela ne nous paraît guère douteux. Mais, dans le do-
maine des dérogations, il est nécessaire de s'avancer
avec la plus extrême prudence.

Les dérogations ne se présument pas. Il est d'une
saine interprétation de considérer qu'il y a une unité
et une continuité de vue dans un même texte, car il
est très facile au rédacteur de ce texte de mentionner
expressément la réserve qu'il a voulu faire.

Deux procédés s'offrent à lui pour tempérer le principe auquel il entend déroger : il peut soit exprimer
que la clause spéciale est dérogatoire au principe général, soit introduire une réserve dans le texte fondamental. Les expressions « nonobstant les dispositions
contraires» et « sauf stipulations contraires » sont d'un
usage courant dans le langage du législateur. Elles mar-
quent sa volonté de laisser place à des exceptions au
principe ou simplement sa crainte de se contredire.

Nous avons rencontré des exemples de dérogations
possibles, mais dont la portée limitée n'autorise pas
l'interprétation turque, dans chacun des trois textes
du Traité que nous venons de lire : l'article 58, l'article 137 et l'article 138.

Il est, à notre avis, impossible de donner au paragraphe III du Protocole d'évacuation l'interprétation
extensive proposée par le Gouvernement turc. En présence des stipulations de l'article 58, il y a lieu de
convenir que l'alinéa 3 ne signifie que ce qu'il dit
expressément et que la seule obligation qui découle
de ce texte consiste dans la remise d'un état.

Est-il encore besoin d'ajouter qu'en matière d'obligation, les clauses obscures ne s'interprètent pas contre le débiteur ?

Dans les recommandations des experts financiers dont le Gouvernement turc se prévaut, rien non plus n'autorise l'argumentation de ce Gouvernement. Les suggestions des experts ont été incorporées sans modification dans le texte du paragraphe III. Elles ne font pas la lumière sur la question.

Le Gouvernement d'Angora ne peut y trouver la moindre trace des assurances qui auraient été données à sa délégation, lorsque celle-ci fit valoir, à Lausanne, qu'une partie du matériel gouvernemental avait été réparti par les autorités d'occupation.

Ce qu'il y a d'exact dans cette assertion, c'est qu'il a été admis par les diverses délégations que le matériel qui serait dûment identifié et qui ne tomberait pas sous le coup des articles 58, 137 et 140, pourrait être restitué au Gouvernement turc. Les délégations alliées avaient également considéré qu'au cours du règlement de comptes entre le Gouvernement turc et les sociétés concessionnaires prévu par l'article 3 du « Protocole relatif aux concessions », il serait équitable de faire état du matériel, qui, enlevé par le Gouvernement turc à ces sociétés et restitué par les autorités alliées, ne saurait donner lieu à un paiement par le Gouvernement turc.

C'est dans les cas de ce genre que peut jouer le paragraphe III du Protocole d'évacuation. En vertu de cet acte certaines livraisons effectuées par les autorités alliées à des société ottomanes sont susceptibles de faire l'objet d'une communication au Gouvernement turc, mais, en aucun cas, cette mesure ne saurait être étendue aux ressortissants alliés et notamment aux établissements scolaires et charitables.

Toutes les autres livraisons faites par les autorités d'occupation à des tiers sont couvertes par l'article 58 du Traité de Paix et le Gouvernement turc n'a pas le droit de les remettre en question.

Il est hors de doute que si les négociateurs de Lausanne avaient entendu faire restituer les biens dont il s'agit au Gouvernement turc, ils auraient expressément stipulé cette restitution comme ils l'ont fait, dans le premier alinéa, pour les biens occupés ou possédés par les autorités alliées.

Rien de plus facile que de dégager la portée et l'intérêt pratique de l'alinéa 3.

Il ne sert pas, comme le demandait ironiquement le Gouvernement turc à l'édifier sur la façon dont les autorités alliées ont disposé de ses biens.

Son objet est, tout d'abord, de mettre ce Gouvernement, soucieux, comme tout Gouvernement ayant traversé une période anormale, en mesure d'établir d'une façon exacte l'état de fait du bien public à la fin de cette période.

A ce seul point de vue, l'alinéa 3 présente un très réel intérêt. Le Gouvernement turc pourra faire l'inventaire de sa propriété. Les listes qui lui seront remises lui apprendront l'étendue de la perte qu'il doit supporter. Il lui sera, dès lors, facile de poursuivre la récupération des manquants et de reconstituer ses approvisionnements.

La remise de l'état visé à l'alinéa 3 nous apparaît comme le corollaire des restitutions prévues au 1er alinéa.

Mais, notre texte poursuit un autre but tout aussi important. Ses rédacteurs ont entendu garantir les cessionnaires du matériel gouvernemental turc de toute menace d'éviction. Les bénéficiaires des livraisons ne doivent pas courir le risque d'être accusés de détournements.

Loin de considérer que l'alinéa 3 a pour effet de permettre à l'Etat turc d'obtenir la restitution de ses biens, nous estimons qu'il valide implicitement les mesures de cession et interdit toute réclamation à leur égard et qu'ainsi, il est en parfaite harmonie avec les dispositions des articles 58 et 137 du Traité.

De plus, les autorités d'occupation ont intérêt à rendre compte de leur gestion, au moment de quitter le sol turc, pour couper court à toute insinuation de gaspillage et de détournement. Elles se doivent de justifier des qualités d'ordre et de bonne administration dont elles ne se sont pas départies au cours de la période d'occupation.

La remise des listes prévues par l'alinéa 3 nous apparaît donc indispensable. Les négociateurs de Lausanne devaient la stipuler expressément.

III

## LE SENS ET LA PORTÉE
## DE L'ARTICLE 137 DU TRAITÉ

Nous avons lu l'article 137 du Traité de Lausanne. Le premier alinéa de ce texte est parfaitement clair. Il couvre les mesures prises par les autorités alliées d'occupation, depuis l'armistice de Moudros jusqu'à la mise en vigueur du Traité (1), et met les Puissances occupantes et leurs autorités à l'abri de toute réclamation. Il entérine les ordres donnés et les décisions prises et fixe en principe l'irresponsabilité absolue de leurs auteurs et des Puissances auxquelles ils ressortissent : « Les décisions et les ordres sont réputés acquis et ne peuvent donner lieu à aucune réclamation contre ces Puissances ou leurs autorités. »

A sa suite, l'article 138 stipule la validité des ordres et décisions émanant des autorités judiciaires.

Cependant, si aucune réclamation n'est possible contre les Puissances Occupantes ou leurs autorités, certaines réclamations peuvent être élevées devant le Tribunal Arbitral Mixte, à raison de mesures « réputées acquises ». C'est ce qu'exprime l'alinéa 2 lorsqu'il parle de « toutes autres réclamations ».

L'Etat turc soutient que ce texte l'autorise à poursuivre les ressortissants alliés auxquels son matériel a été distribué, en paiement de la contre-valeur de ce matériel et les a assignés devant le Tribunal Arbitral Mixte.

Nous nous proposons, en examinant si la thèse

---

1. L'occupation a pris fin avant la mise en vigueur du Traité, mais dans l'ignorance où se trouvaient les rédacteurs de l'article 137 de la date à laquelle l'évacuation aurait lieu (voir Protocole d'évacuation § 1), ils ont indiqué l'époque au delà de laquelle l'occupation ne pourrait subsister.

turque est fondée en droit, d'essayer de dégager le sens et la portée de l'article 137 2ᵉ alinéa et de résoudre le double problème qu'il pose : contre qui des réclamations peuvent-elles être dirigées, de qui peuvent-elles émaner ?

En matière d'interprétation à donner à un texte, il convient toujours de rechercher quelle a été la pensée dirigeante et la volonté de ses rédacteurs. C'est à la lumière des travaux préparatoires que cette volonté se manifeste. Notre guide le plus sûr sera donc le « Recueil des Actes de la Conférence de Lausanne ».

La lecture des procès-verbaux nous indiquera comment, à la suite des discussions entre les délégations, du travail des sous-commissions et des comités de rédaction, le texte de l'article 137 s'est formé, s'est modifié, et est devenu ce qu'il est aujourd'hui.

Dans le premier projet de Traité de Paix présenté par les délégations alliées à la délégation turque, au cours de la séance tenue le 31 janvier 1923 au Château d'Ouchy, les articles 152 et 153 correspondant aux actuels articles 137 et 138 étaient ainsi conçus :

Article 152. — Sans préjudice des dispositions de la Partie II (Clauses financières) et de la Partie III (Clauses économiques), est confirmée la validité de tous les ordres donnés, dépenses et affectations financières et en général de toutes les mesures prises en Turquie depuis le 30 octobre 1918 jusqu'à la mise en vigueur du présent Traité, par les autorités des Puissances ayant occupé Constantinople, concernant notamment l'administration publique y compris la police, ainsi que les biens, droits et intérêts privés de leurs ressortissants, des étrangers ou des ressortissants turcs et les rapports des uns et des autres avec les autorités de la Turquie.

Il en est de même des ordres donnés et des mesures prises par les autorités desdites Puissances d'accord avec les autorités de la Turquie, ainsi que des ordres donnés et des mesures prises par les autorités de la Turquie d'accord avec les autorités desdites Puissances.

Aucune réclamation du Gouvernement turc ou de ses ressortissants ne sera recevable vis-à-vis des Puissances ayant occupé Constantinople ou vis-à-vis de leurs ressortissants ou des étrangers, du chef des ordres ou mesures ci-dessus visés ou en raison d'omissions qui auraient pu être commises par les autorités desdites Puissances ou sur leurs ordres, relativement auxdits biens, droits et intérêts ou aux rapports de leurs ressortissants, des étrangers ou des ressortissants turcs avec les autorités de la Turquie.

Article 153. — Toutes décisions judiciaires rendues en Turquie depuis le 30 octobre 1918 jusqu'à la mise en vigueur du présent Traité, par un juge ou un tribunal des Puissances ayant occupé Constantinople, ensemble des mesures d'exécution, seront reconnues par le Gouvernement turc.

Il en est de même des décisions rendues par la Commission judiciaire mixte provisoire constituée le 8 décembre 1921 par les autorités desdites Puissances, d'accord avec le Gouvernement impérial ottoman (1).

Ces textes confirment la validité de toutes les mesures prises par, ou d'accord avec, les autorités militaires ou judiciaires d'occupation et interdisent formellement toute réclamation au Gouvernement turc et à ses ressortissants.

La préoccupation des délégations alliées de rendre inattaquables les décisions des autorités d'occupation et de dégager leur responsabilité se retrouve dans des dispositions qui régissent d'autres matières, notamment au paragraphe V du projet de « Déclaration relative à l'amnistie » (2), paragraphe qui a été incorporé sans modification dans la Déclaration signée le 24 juillet 1923.

De même, le projet allié du 7 janvier 1923, relatif aux biens, droits et intérêts privés, qui fut soumis à la « Sous-Commission des questions économiques » le 10 du même mois, s'occupait de la question des mesures prises par les autorités alliées pendant la période d'occupation et disposait dans un « article additionnel » :

Le Gouvernement turc renonce à l'égard des Gouvernements alliés à toute réclamation du chef de réquisitions de biens publics ou privés sur terre ou sur mer, ainsi que de dommages ou dégâts pouvant résulter de mesures prises par les Autorités Civiles et

1. Cf. *Recueil des Actes de la Conférence*, t. I, p. 397.
2. Cf. *Recueil des Actes de la Conférence*, t. I, p. 402.

Militaires alliées ou de la présence des forces alliées en Turquie depuis l'armistice jusqu'à la mise en vigueur du présent Traité (1).

Sur ces entrefaites, la Conférence de Lausanne s'est trouvée suspendue et lorsqu'elle reprit, le 23 avril 1923, le contre-projet de Traité présenté par la Délégation turque supprimait les articles 152 et 153 et les remplaçait par la déclaration suivante :

Aucune réclamation ne pourra être formulée contre les juges et autorités des Puissances ayant occupé Constantinople. du chef des décisions ou ordres donnés depuis le 30 octobre 1918 jusqu'à la mise en vigueur du présent Traité. concernant les biens, droits et intérêts de leurs ressortissants, des étrangers ou des ressortissants turcs, et les rapports des uns et des autres avec les autorités de la Turquie (2).

La comparaison du projet allié des articles 152 et 153 avec le texte de la déclaration insérée dans les contre-propositions turques du 8 mars 1923, rend manifeste que si les adversaires sont d'accord pour interdire toute réclamation à l'égard des autorités d'occupation, il n'en est pas de même en ce qui concerne la confirmation de la validité des mesures prises. Alors que les délégations alliées entendent rendre ces actes inattaquables, le Gouvernement turc s'oppose à leur entérinement ou, du moins, à une confirmation de principe.

Les deux thèses en présence ont été exposées au cours de la séance du 8 mai 1923. Voici en quels termes le procès-verbal de la séance rend compte de la discussion :

Sir Horace Rumbold expose que la Délégation turque demande la suppression des articles 152 et 153 et propose de régler par la voie d'une déclaration les questions qui y sont visées. A la rigueur, les Délégations alliées admettraient cette procédure, mais à la condition que le contenu des deux textes fût sensiblement identique. Or, des différences profondes séparent les deux rédactions. Les articles 152 et 153 ont été très soigneusement rédigés, afin que les Puissances alliées fussent dégagées de toute responsabilité pour les mesures qui ont été prises en leur nom à Constantinople. Il paraît indispensable

1. Cf. *Recueil des Actes de la Conférence*, t. III, p. 347.
2. Cf. *Recueil des Actes de la Conférence*, t. IV, p. 48.

à ces Puissances que la formule adoptée soit d'une nature telle qu'elle ne permette de remettre en cause aucun des actes accomplis et des jugements rendus par les autorités alliées pendant la période qui a suivi l'armistice.

Le Général PELLÉ s'associe aux déclarations de Sir Horace RUMBOLD. Il estime qu'au moment où est rétabli un régime normal en Turquie,le Gouvernement turc doit reconnaître sans réserve comme définitives les mesures provisoires qui ont été nécessaires pour assurer la vie administrative de la zone d'occupation pendant la période postérieure à l'armistice. Il faut à tout prix empêcher le bouleversement profond qu'entraînerait la remise en question des actes des autorités alliées. Il suffit d'examiner rapidement les conséquences qu'aurait un tel bouleversement pour juger indispensable que la signature du Traité comporte une liquidation définitive du passé.

M. MONTAGNA s'associe aux observations de Sir Horace RUMBOLD et du Général PELLÉ. Si les actes des autorités alliées pendant la période postérieure à l'armistice n'étaient pas considérés comme intangibles, la plus grande confusion et la plus grande incertitude régneraient à Constantinople. Sans aucun doute, une telle situation ne serait nullement profitable à la Turquie.

M. RYAN rappelle que le Gouvernement de la Grande Assemblée Nationale, depuis mars 1920, n'a reconnu aucune autorité à Constantinople ; toutefois, se rendant compte que, si tous les jugements des tribunaux siégeant dans cette ville étaient remis en cause, il en résulterait un bouleversement général, il a mis à l'étude un projet de loi portant validation de ces jugements. Le Gouvernement turc reconnaît donc lui-même la nécessité de confirmer la validité de certaines décisions, quoique, en principe il ne reconnaisse pas les autorités qui ont pris ces décisions. Par contre, il semble que, en même temps qu'il entend confirmer les jugements des tribunaux ordinaires, il a le désir de remettre en question les jugements rendus par la Commission judiciaire mixte et par les tribunaux consulaires. Cela paraît résulter, en particulier, de renseignements publiés dans le « Tanine » du 21 mars 1923 et dont M. RYAN lit la traduction. Une telle distinction est absolument injustifiée. Il n'y a pas plus de raison pour mettre en cause les jugements rendus par les tribunaux consulaires ou par la Commission mixte que pour contester ceux qui ont été rendus par les tribunaux ordinaires.

ISMET PACHA déclare qu'il n'est pas dans l'intention du Gouvernement turc de contester, par principe, les jugements rendus par les autorités des Puissances occupantes. Toutefois, il n'y a aucun intérêt à étendre la portée de la déclaration que la Délégation turque propose de faire, étant donné, d'une part, que les Capitulations ont perdu toute valeur et, d'autre part, qu'il est nécessaire de tenir compte des circonstances de fait. Il faut prévoir le cas où ces circonstances changeraient. C'est pourquoi le Gouvernement turc estime qu'il doit suffire aux Alliés qu'il s'engage envers eux à ne reconnaître aucune réclamation qui serait présentée contre les autorités des Puissances ayant occupé Constantinople; il est, d'ailleurs tout disposé à étudier les cas particuliers dans un esprit de parfaite équité et il n'a nullement l'intention d'infirmer systématiquement les jugements rendus et les décisions prises.

M. Montagna estime que le projet de déclaration soumis par la Délégation turque est trop vague. Il ne suffit pas de déclarer que les juges et les autorités des Puissances ayant occupé Constantinople ne pourront être l'objet d'aucune réclamation du fait de leurs actes. Il faut assurer à ces actes une validité définitive. M. Montagna estime que les juristes pourront arrêter, d'un commun accord, une rédaction qui donnera satisfaction à tous les intéressés.

Sir Horace Rumbold retient des déclarations d'Ismet Pacha que le Gouvernement turc n'a pas l'intention de bouleverser systématiquement les jugements et les décisions des autorités alliées. Les Délégations sont donc toutes d'accord sur le principe. Dans ces conditions, Sir Horace Rumbold accepte le renvoi aux juristes qui pourront se concerter avec les experts en la matière.

Ismet Pacha estime que l'adoption de ce principe ne porte atteinte en rien à l'obligation pour les Alliés de restituer les armes, les dépôts et les navires saisis par les autorités d'occupation, obligation qui a été, du reste, reconnue dans la première phase des négociations de Lausanne.

Sir Horace Rumbold déclare que cette question est distincte de celle que traite en ce moment le Comité.

M. Ryan tient à préciser que le texte de la déclaration est insuffisant, puisqu'il se borne à affirmer que toute action intentée contre les autorités ou les juges des Puissances occupantes sera irrecevable. Il faut que la déclaration stipule expressément que les actes de ces autorités et les jugements rendus par elles sont définitifs et ne peuvent être remis en cause. Sur cette base, les juristes confronteront les deux textes et chercheront à établir une rédaction commune.

Ismet Pacha ne saurait admettre une règle aussi générale, en ce qui concerne les actes et les jugements des autorités occupantes. Il est possible que, dans l'intérêt de toutes les parties, certains de ces actes et de ces jugements doivent être modifiés. Il faut que les experts aient la latitude d'étudier tous les cas d'espèce.

Il est décidé de renvoyer la question au Comité de rédaction qui se concertera avec les experts s'il le juge utile.

Sir Horace Rumbold tient à marquer que la question soulevée incidemment par Ismet Pachat, en ce qui concerne la restitution du matériel de guerre et des vaisseaux saisis, est entièrement étrangère au débat et qu'aucune décision n'a été prise en ce qui la concerne.

Ismet Pacha a voulu formellement indiquer que les dispositions en question ne pouvaient pas être considérées comme impliquant de la part de la Turquie une renonciation quelconque à son droit d'obtenir une restitution de ce matériel et de ces navires. Il reste bien entendu que les réclamations turques concernant les dépôts d'armes et les vaisseaux internés, qui avaient été prises en considération dans la première partie de la Conférence, ne se trouvent nullement écartées par cette discussion. En tout cas, Ismet Pacha prend acte de la déclaration qui vient d'être faite et propose de renvoyer la question aux experts (1).

Au cours de cette discussion particulièrement sugges-tive apparaît la préoccupation de la délégation turque d'obtenir la restitution du matériel et des navires sai-sis à l'Etat turc. Ismet Pacha y fait allusion aux pour-parlers relatifs au paragraphe III du Protocole d'éva-cuation que nous avons précédemment étudié.

Le texte des articles 152 et 153 renvoyé au « Comité de rédaction » en revient (2) et deviendra, sans nou-velle modification, celui des articles 137 et 138 du Traité après avoir été adopté au cours de la séance du 26 juin 1923 (3).

A une plus grande concision dans la pensée, à un allègement dans la rédaction, s'ajoute une innovation importante : l'introduction des deuxièmes alinéas qu'autorisent certaines réclamations.

Les nouveaux articles constituent, à n'en pas douter, une transaction entre le principe de l'intangibilité des mesures prises, défendu par les délégations alliées, et la possibilité de les remettre en question que la délégation turque entendait réserver à son Gouverne-ment : les décisions prises et les ordres donnés sont réputés acquis mais les préjudices subis par suite de ces ordres ou décisions ouvrent, dans certains cas, droit à réparation.

Contre qui peuvent être poursuivies les réclama-tions visées à l'alinéa 2 de l'article 137 ?

Nous ne pensons pas qu'il existe une corré-lation entre les mots « toutes autres réclamations » de cet alinéa et les termes « sauf stipulations contraires » qui se trouvent en tête du premier alinéa. Il n'y a, pour écarter une telle interprétation, qu'à se référer

<hr>

1. Cf. *Recueil des Actes de la Conférence*, t. V, p. 56 et suiv.
2. Cf. *Recueil des Actes de la Conférence*, t. V, p. 138.
3. Cf. *Recueil des Actes de la Conférence*, t. V, p. 127, 147, 153.

au texte du projet allié de l'article 152 avant son renvoi au « Comité de rédaction ». De même que ce Comité a supprimé l'énumération des mesures prises par les autorités d'occupation, il a, pour alléger sa phrase, remplacé le renvoi aux dispositions des Parties II et III du Traité par l'expression « sauf stipulations contraires ». L'insertion d'une clause plus compréhensive n'a jamais été demandée au cours des négociations. Et limiter le champ d'application de l'alinéa 2 aux dérogations d'une portée très restreinte, qui résultent des dispositions des Parties II et III ne nous paraît guère possible en présence de la discussion qui a eu pour résultat l'adjonction de l'alinéa 2.

De plus, l'article 58 du Traité interdit toute réclamation pécuniaire à l'égard des Puissances contractantes. Les autorités d'occupation, qui sont les auteurs des mesures, et les Puissances auxquelles elles ressortissent ne peuvent en principe être poursuivies. Sur ce point, nous l'avons vu, les délégations alliées et turques sont tombées d'accord.

L'Etat turc ne le peut être davantage, non pas que sa responsabilité ne reste pas entière pour les mesures qui ont été prises en dehors de lui sur son territoire occupé (1), mais à raison de l'interdiction édictée par l'article 58.

Nous estimons donc que, seuls, les bénéficiaires des décisions prises ou des ordres donnés, sont susceptibles d'être l'objet des réclamations visées à l'alinéa 2.

La seconde question qui se pose, au sujet de l'interprétation à donner au deuxième alinéa, est la suivante: Qui peut introduire une réclamation à l'occasion des mesures prises par les autorités d'occupation ? Est-ce toute personne qui se trouverait lésée par ces mesures, notamment l'Etat turc ?

---

1. Cf. *Recueil des Actes de la Conférence*, t. III, p. 306.

La réponse ne fait aucun doute. Le premier alinéa de l'article 137 dispose uniquement pour les décisions prises et les ordres donnés concernant les biens, droits et intérêts des ressortissants des Puissances Occupantes, des étrangers et des ressortissants turcs. Le deuxième alinéa se réfère expressément aux « préjudices subis par suite des décisions et ordres ci-dessus visés », c'est-à-dire visés à l'alinéa 1. Il n'est pas question des mesures prises à l'égard des biens de l'Etat turc. Sir Horace Rumbold l'a indiqué à Ismet Pacha au cours de la discussion du 8 mai 1923 dont nous avons lu le procès-verbal.

La délégation turque à la « Conférence de Lausanne » a d'ailleurs parfaitement compris et spontanément reconnu la portée de notre texte. Le procès-verbal de la séance du 4 juin 1923 rapporte :

Ismet Pacha observe que l'article 152 concerne exclusivement les décisions et ordres donnés à Constantinople, pendant la période d'occupation, relativement aux biens, droits et intérêts des particuliers. Les dispositions prises à l'égard des biens, droits et intérêts de l'Etat doivent faire l'objet d'un règlement distinct, qui intéresse à la fois le Comité financier et, pour une part, le Comité politique (1).

Le Gouvernement turc ne s'est jamais départi de cette opinion au cours de l'instance diplomatique fondée sur le paragraphe III du Protocole d'évacuation. Adnan Bey, dans un mémoire qu'il adressait le 31 mars 1924 à la « Mission diplomatique de la République française » à Constantinople, s'exprimait ainsi :

« Il y a lieu de relever que l'article 137 concerne exclusivement les biens, droits et intérêts des particuliers. On ne peut établir aucune corrélation entre lui et les dispositions de l'article III du Protocole relatives aux biens des administrations et du Gouvernement turc et notamment son paragraphe 3 ».

Un argument décisif milite enfin pour l'interprétation qui réserve aux particuliers le bénéfice de l'ali-

1. Cf. *Recueil des Actes de la Conférence*, t. V, p. 127.

néa 2. Elle est la seule qui ne fasse pas échec au principe fondamental de l'article 58 du Traité. Ce texte interdit formellement, nous l'avons vu, toute réclamation pécuniaire d'Etat à Etat ou de particulier à Etat et réciproquement. Il est muet sur la question des réclamations de particulier à particulier. Et il ne peut s'agir, au deuxième alinéa, que de réclamations pécuniaires puisque les ordres donnés et les décisions prises sont « réputés acquis ».

Le sens et la portée du deuxieme alinéa de l'art. 137 doivent, à notre avis, être fixés ainsi qu'il suit : Seul, un particulier lésé par une mesure prise par les autorités d'occupation, à l'égard de ses biens, droits ou intérêts, peut réclamer une indemnité à un autre particulier qui a bénéficié de cette mesure. Les rédacteurs du Traité n'ont pas voulu, qu'entre particuliers, une personne pût s'enrichir au détriment d'autrui.

Cette interprétation qui cadre parfaitement avec les autres dispositions du Traité trouve sa confirmation dans la lecture du deuxième alinéa de l'article 138 plus explicite que l'alinéa 2 de notre texte et introduit en même temps que lui par le « Comité de rédaction » à la suite de la discussion du 8 mai 1923.

Enfin, puisque les réclamations doivent être soumises au Tribunal Arbitral Mixte, il est nécessaire, à raison de la compétence de cette juridiction, qu'elles opposent un ressortissant turc à un ressortissant allié.

IV

## LA SOLUTION DU PROBLÈME

Il nous est maintenant facile de dégager les conclusions de cette étude des textes et de résoudre le problème posé au Tribunal Arbitral Mixte.

Le Gouvernement turc ne peut justifier sa réclamation en invoquant à son profit la disposition de l'article 127 alinéa 2 du Traité de Lausanne. Pendant deux ans, il n'a cessé de déclarer que le paragraphe III du « Protocole relatif à l'évacuation » n'avait aucun rapport avec les dispositions de l'article 137 du Traité, que l'objet de ces deux textes était tout différent, celui-ci stipulant pour les biens des particuliers tandis que celui-là disposait pour les biens de l'Etat. Ce sont incontestablement les représentants des Puissances Occupantes qui ont commis une erreur d'interprétation en opposant à la thèse turque fondée sur le Protocole d'évacuation les stipulations de l'article 137. L'article 58 suffisait à faire échec à la prétention du Gouvernement d'Angora.

Ce Gouvernement ne s'est départi de son point de vue qu'en portant sa réclamation sur le terrain judiciaire lorsque l'instance diplomatique se fût révélée stérile. Pareille volte-face d'opinion ne s'explique que par une question de compétence : Le Tribunal Arbitral Mixte ne peut connaître d'une réclamation basée sur le Protocole. Il a donc fallu changer d'arme et par suite, de stratégie juridique.

Le sens de la sentence arbitrale ne peut faire de doute. Le Tribunal Arbitral Mixte répondra aux conclusions de l'Etat turc que l'article 137 alinéa 2 n'est pas applicable aux biens dont la contre-valeur est réclamée, que ce texte concerne uniquement les biens des particuliers : la demande sera déclarée irrecevable.

L'opinion que la juridiction arbitrale peut avoir sur le sens et la portée du paragraphe III du Protocole d'évacuation, ne saurait avoir d'influence sur sa décision. Les dispositions de ce Protocole peuvent servir à l'édification du Tribunal, elles échappent à sa compétence. Or il est impossible de trouver dans cet acte le moindre argument qui permette d'interpréter l'article 137 autrement que nous l'avons fait, les objets de ces deux textes étant distincts.

D'ailleurs, au regard du paragraphe III du Protocole, la demande turque est aussi mal fondée qu'elle l'est sur l'article 137 du Traité. Le paragraphe III ne dit pas ce que lui fait dire le Gouvernement turc. La thèse turque ne repose pas sur une interprétation mais sur l'extension, qu'aucun texte n'autorise, d'une obligation contractée par les Puissances alliées : celle de restituer à leur départ de Turquie le matériel turc qui se trouverait entre leurs mains. Cette obligation, assez naturelle en soi, n'infirme pas la validité des mesures de disposition auxquelles elles ont procédé conformément à leur droit. A cet égard, l'article 58 ne laisse place à aucun doute.

Les factures produites par le Gouvernement turc, desquelles il résulte que la valeur des objets cédés doit être portée à son crédit, ont été établies à une date où les autorités d'occupation — qui ont libellé ces factures — étaient persuadées que l'Etat turc serait obligé à la réparation des dommages subis par les ressortissants alliés comme y ont été contraintes les autres Puissances ennemies.

Nous avons vu que malgré les efforts déployés par les délégations alliées, pendant la première partie de la « Conférence de Lausanne », il leur avait fallu, dans un but d'apaisement, renoncer au principe des réparations qui se trouvait inscrit dans le Traité de Sèvres du 10 août 1920.

L'opinion très légitime qu'ont eue les rédacteurs des factures s'est trouvée contredite par les difficultés auxquelles se sont heurtés les négociateurs des Puissances alliées à Lausanne. Le Traité ne prévoit pas de compte de réparation avec la Turquie : aucun crédit ne peut être porté. Tirer argument d'une telle opinion pour interpréter les dispositions du Traité, nous paraît vain.

L'étude historique de la rédaction du Traité de Lausanne nous garantit contre toute erreur d'interprétation. Le premier projet de Traité, présenté par les délégations alliées le 31 janvier 1923, stipulait — nous l'avons vu — à l'article 152 qu'aucune réclamation de l'Etat turc ou de ses ressortissants ne serait recevable à raison des mesures prises par les autorités d'occupation. Ce projet prévoyait cependant, à son article 79 (1), la réparation des dommages de toute nature causés aux ressortissants alliés et, à son article 76 (1), la réparation des préjudices subis par les ressortissants turcs du fait des mesures exceptionnelles de guerre prises par les Puissances alliées à l'égard de leurs biens, droits ou intérêts situés sur le territoire de ces Puissances.

Il est bien évident que la renonciation réciproque à toute réclamation pécuniaire concédée à la délégation turque par les délégations alliées ne pouvait avoir comme contre-partie la modification de l'article 152 dans un sens qui permettrait à l'Etat turc de poursuivre en paiement les ressortissants alliés.

Au bénéfice du règlement forfaitaire de la question des réparations, intervenu à Lausanne, la Turquie s'est interdit formellement toute réclamation contre les Etats alliés ou leurs ressortissants.

1. Cf. *Recueil des Actes de la Conférence*, t. I, p. 871.

Ceux-ci, ne trouveront, dans les biens de l'Etat turc qui leur ont été cédés, qu'un faible élément de la réparation des dommages qu'ils ont subis et qui ne seront que partiellement réparés.

Mais, entre les ressortissants des Puissances contractantes, les mesures prises par les autorités d'occupation ont pu faire naître des rapports quasi-contractuels. Ce sont ces rapports que le deuxième alinéa de l'article 137 a pour objet de régler.

7446. — Imp. Jouve et Cie, 15, rue Racine, Paris. — 12-1926.